창조문학 대표시인선 · 295

약시藥詩

이영지 시조집

창조문학사

□ 시인의 말

약시藥詩

이 책의 이름은 『약시藥詩』입니다. 약시藥詩라는 의미는 광범위하게 의롭게로 정의하겠습니다. 실제로는 생물의 움직임 재료가 약이 되는 이야기를 전하기도 합니다. 살아 있는 약이 되는 시 재료에는 꽃들도 있고 나무들도 있습니다. 그리고 아름다운 마음도 들어갑니다. 온갖 재료들이 약이 되는『 약시藥詩 』시조집입니다.

신앙생활을 잘 할 수 있는 움직임의 감사 시조입니다. 먹이이야기도 있습니다. 말씀의 은혜도 있습니다. 따라서 이 시에서의 대상 그대는 신앙대상이고 둘은 예수님과 하나님의 둘입니다. 우리는 그 분 둘입니다.

이번시집은 시조운율에 맞춘 이론이 실행되는 시조입니다. 한국의 보물 한국문학시조작품의 운율이 있습니다. 정형 율입니다. 초장 3 · 4 · 3 · 4의 14자와 중장 3 · 4 · 3 · 4의 14자와 종장 장 3 · 5 · 4 · 3의 리듬을 가집니다. 총 43자 이론에 따른 시조시집입니다. 시조 한편은 43수를 가집니다. 이 전통 율은 사람의 오묘한 숨쉬기 움직임 리듬을 가집니다. 3 · 4로 시작하여 4 · 3으로 끝납니다. 사람이 살아 있는 동안 처음

초장의 3자와 끝 종자의 3자로 끝납니다. 이 음수율은 생애도 아름답게 시작하여 아름답게 끝나는 리듬입니다. 3으로 시작 3 · 4 · 3 · 4 · 3 · 4 · 3 · 4 · 3 · 5 · 4 · 3의 순서입니다. 첫 자 3으로 시작하여 3 숫자로 끝납니다. 이 리듬은 우연히 생긴 리듬이 아닙니다. 이음 조건이 이엉리듬의 결과입니다. 인생 살기리듬입니다. 잘 짜여진 시조작품 한편이 지닌 아름다움입니다. 한 생애는 사랑하여 생긴 사람이라는 아름다운 서정의 생애리듬입니다. 한 생애 리듬이 있습니다. 이 리듬은 시조한편이 지닌 리듬입니다. 이제까지의 시조작품 시조 한 편이 45자 내외라는 학설과 다른 시조한편 43자 저의 학설입니다. 시조작품 진가의 한 사람의 생애 리듬 43수 묘미는 시작도 아름답게 끝남도 아름답게라는 의미를 담는 인생리듬입니다. 바로 시조작품에서 나타낼 수 있습니다. 인생의 아름다움을 몸으로 설명하는 하나님의 오묘한 마방진 리듬입니다. 시인의 작품 속에 넣을 수 있다는 감사로 행복하게 열심히 살다가 아름답게 끝나는 생애의 아름다움 시조한편 철학입니다.

혼자서는 더듬이 인생이기에 신앙의 감사함의 하나님 일 사역을 합니다. 얼마나 사랑의미를 잘 전하나입니다. 그대로 전해지려 노력하는 은유시학입니다. 마음에 늘 행복이 있습니다.

2023년 7월 이 영 지

약시藥詩
이영지 시조집

| 차 례 |

제2부 / 그대입김

제3부 / 햇빛 황홀

제4부 / 아 좋다

제1부 귀족 봄나물

슬픔

울고픔 안 참아도 돼 혼자일 그 때에는
가만히 가슴에다 괜찮아 할 그때는
가슴이 미어지도록 보고픔이 일 때는

보고픔 그때에는 하늘이 하 맑아서
가만히 하늘 보고 눈물을 들어올려
하늘에 가득 부어서 그렁그렁 그러엄
땐

천생연분 접골목

뼈마디 마디마디 살아서 마디마다
그대의 가지 끝에 빠알간 가지 순을
나물로 무쳐먹으면 마디마다 좋은 거

가지 끝 빠알갛게 봄 내를 전해주고
기다림 그 끝에를 두 손 펴 떠받들어
봄내음 콕 콕 넣으셔 아리아리 좋은 거

우리는 천생연분 하면야 그렇게만
봄 마디 기쁨으로 들떠서 아리아리
어허헐 어허어얼싸 마디마디 좋은 거

바람꽃

바람 둘 한들한들 웃는데 새하얀 꿩
바람에 붙들려서 나도 야 같이 라고
같이 서 보자 하지만 어림없는 둘 사이

바람 불 때

바람이 불 때에는
하나 더 더하기다

셋이서 불 때에는
마음을 더하기다

셋이도 모자랄 때면
모이기다 그거다

흰 눈의 바람에는
바람꽃 붙여놓고

꽃을 딴 바람에는
마음을 붙여놓고

마음을 붙인 곳에는
아리아리 바람꽃

기침에

기침이 나시나요
온 몸이 뜨거워요
온 몸이 무겁나요
마음이 뜨거우면

달여서 쭈욱 마셔요 마시세요
그러면

천상에 넌 여자야

천상에
넌
여자야

맨 날 날 깨갱 깨갱
그래도 그게 좋아 이렇게 예쁘잖아

꽃처럼 살아간다면 바로 그게 여자야

설렌다

사랑이 돋아난 꽃 얼굴 안아줄까
아유유 무엇이든 주고파 이리와 봐
연보라 그 눈짓으로 해 이렇게끔
설렌다

엄마·마·음

사랑해
내
키보다
더
자란
그리움아

아직도
아파오니
그리움
모자라서
아프니
포도상 구균 없애 줄께
잘 자라

아프니

아직도 네 눈 아파 아프니 이리 와봐

빠알강
사랑으로 노오랑
균을
빼내
사랑의 깊은 너울을 씌워줄게 아프니

쑥이라 하오리다

슬픔이 나오려다 쑥 뜨러 가는 날 본
쑥이 참 잘 왔다고 인사해 오는 동안
난 벌써 호주머니에 가득가득 담아서

걸음이 뒤뚱 뒤뚱 그래도 쑥 향기가
나온다 쑥 향기에 발걸음 가벼웁다
날 벌써 쑥 내음 절인 사람이다 쑥 사람

사랑이 넘어오는

사랑이 넘어오는 소리는 선명하다
단번에 열이 내려
그러면 눈빛고운
하늘을 보듬어 안고 춤을 춘다
사랑이

얼음 꽃봉오리

매화의 몽우리다
얼음 꽃
앉아있다

나이가 들 수록에 햇빛들 봄이라고

오로지 그 하나로도 하얀 꿈이 토로록

아예 안고 감싼

눈송이
매화
닮아
꽃눈을 만들더니
날 닮은
꽃피우라 가지에 올라앉아
갓 피는 매화봉오리 아예 안고 감싼다

매화 비 돛을 단다

매화 비 돛을 단다 촛불을 달고 온다
잰걸음 환한 너의 불 밝힘 점령당한
이정표 바로 코앞에 닻 내리며 오 · 는 · 중

홍역

들판이 날개 단다
내 안에 너의 안에
가슴을 태 · 우 · 는 · 중
꽃
비
다
매화 홍역
그리움
하루 종일 타
매화비로
오 · 는 · 중

그대하나로

내 가슴 먼저 피어
매화꽃 그대에게

나는요
그대에게
그대의
사랑 달아

가슴을 그대하나로 아주 닮아 설게요

제2부

그대입김

한 치 만

얼굴이 화아알짝
빨갛게 가슴 열다

눈 맞댄 흰 구름은
화알짝 하얀 나래

한 치 만 활짝 풀어 줘
늘 꽃비로 설게요

나도 봄

매화꽃
향기소리
그대가 날아오면

내 속에 봄이라고 화들짝 알려 오면

봄 향기 들어 마시는 나도 봄 봄
봄 사람

꽃 멀미

이 세상
나들이에
꽃가지 휘늘어져

향기는 맴 돌아라
꽃무리
몽울몽울

그대가
내리 사랑의
꽃눈개비
꽃 멀미

바람 피

바람이 피느라고 하아얀 가슴 꽃이
연분홍 속마음을 바람에 날리느라
꽃 구슬 도톰도토옴 펴놓으신 바람꽃

흔들림을 안아

노오란 흔들림이 황홀타 긴 겨울에
하늘이 내려오자 마음을 바로잡는
꽃이다
마음 잡히어 복과 장수 복수초

앉은 부채

심장을 닮아있는 마음이 나와 있어
가만히 들어보려 귀를 댄 아침에는
가만히
안아주려는
그대입김
들리는

귀 기울기

행복을 보여 달라 조르던 나를 보며
두 귀를 쫑긋쫑긋 사랑을 달고 나며
먼저는 귀 기울이라 가만가만 말한다

오로지

꽃피며 말 할게요 기니긴 꽃대타고
고개를 내밀어서 기다림 끝에서면
오로지 꽃 한 송이로 가슴 열어 드리는

순결

노루가 나물 캔다
햇빛의 봄을 딴다
송이로
흰 털 달고
봄 타러 꿈을 들고
하아얀 순결 한 송이 마음 풀어 펴 내신

노루귀꽃 약재

희고
긴
털이 많아
노루랄 살았나 봐

온 마을 사람들을 살리려 귀를 들고
창종瘡腫과
충동·진통에
장치료에
쓰이는

웃음이 황홀타

황홀타 꽃 이파리

분홍에
분이
올라

웃음이
번지느라
햇빛도 눈 부시자

바람에 잠잠해지랴 등 굽히며 엎딘다

숨으면 숨을수록

숨으면 숨을수록 찾고픈
모
데
미 풀

풀잎을
쏙
빼닮아
잎으로 잘못 알아

있는 듯
없는 듯이도
귀하기만
하다
나

멸종위기 모데미 꽃 숨으면 숨을수록

가만히
엎드리는

나지막 말소리로
높은 산
자락에서 바람을
다스리는
조용히 귀한들꽃이
거듭나서
엎드린

산 좋아서 모데미꽃

본디가 산 좋아서
산으로 바람 들어
깊 깊이
맑음 들어
그
하나
붙들어서
풀 푸른
모데미 풀이
지금한창
즐겁다

흙이라 하오실제 모데미꽃

흙이라 하오실제 입으로 하늘 들고
가슴에 눈을 달아 보듬고 쓰다듬어
꽃이라 하오십니다
하오실제
입으로

온 몸 마비되면 바람꽃

바람을 타고나서
독
성도 있지만요

온 몸이 자유롭지 못하심
바람꽃이
달려가 고쳐내시는 진땀으로 적신다

통증에 바람꽃

바람만 타고다님
한 곳에 머무르지 아니함
그러하나 아프면 달려가심
꽃이라 하옵니다요 통증까지 고치심

바람 병에 바람꽃

우리 둘 나란히 서 당신을 고칩니다

우리 둘 바람타고 달려가
바람 병을
달래는 약초입니다
꽃이 되어
서실 때

그대입김

우리가 하는 일은
사람을 고칩니다
바람을 고칩니다
바람이 바람만을
고치려 모여 듭니다
바람 병이 든 다면

물이랑 불러

이렇듯 그대입김 따라 선 아침에는

산드을 봄바람이 되어야 하오와요
물이랑 불러 오리다 그대입김 이렇듯

제3부 햇빛 황홀

꽃 귀

꽃술에
향을 묻다
꽃 귀에 향이 묻어

물이랑
매달리며
꾼 꿈이 이리 묻어

꽃 잎 귀 열어두고서 그대바람 오 와요

씀바귀

쓴 나물 싸랑부리 쓴나물 사나귀채
쓴 귀물 씸배 나물 이름도 많아여라[1)]
내 피야 잘 돌아다오 그렇게 해 줄 거야

쓴 나물 잎사귀에 햇빛이 들어오면
햇빛은 날개 달고 우유빛 즙을 내어
그대의 깃에 머무르며 항암으로 줄 거야

알라닌 아르게넨 폴폴폴 날아가서
그대의 간에게 가 지방을 덜어주고
독소야 얼른 나가라 팡팡 날아 줄 거야

또 있어 알라파틱 뽑아내 그대에게
그대의 폐에게로 머물며 콜록 기침
않도록 숨 잘 쉴 거야 걱정 않게 줄 거야

또 있어 토코페롤 이걸로 예에쁘게

---

1) 씀바귀를 사나귀채, 도채, 씀배나물이라고도 하며, 전라도에서는 싸랑부리, 쓴나물, 쓴냉이라고도 한다.

그리움 돋아나게 아침을 건강하게
저녁을 잠 잘 자도록 예쁜 몸 메 줄 거야

또 있어 칼슘성분 뽑아내 뼈마디에
들어가 골다공증 없애는 나날이야
뼈 튼튼 걸어 나와라 산책길을 줄 거야

철분이 엽삽성분 팡팡팡 쏟아지며
그대의 피 돌기에 혈관이 새롬새롬
피 속에 헤모글로빈 돋아나게 줄 거야

섬유질 많고 많아 좋아라 칼슘, 칼륨,
당질에 비타민C 위장이 튼튼하기
쓴 맛난 트리테르페노이드 밥 맛좋게 줄 거야

당뇨야 물러가라 명령만 하면 되는
인슐린 분비하여 혈당을 낮추고도
혈당에 시나로사이드 지질 좋게 줄 거야

안정해 트립토판, 세포에 히스티딘 우울에 페닐알라닌 마음에 이소루신 나와라 아미노산이 훨훨 날아 줄 거야

은행

은행의 그리움은 은행잎 때문에요 바닥에 떨 구고 난 다음에 온 하늘에 온 날을 쓰라림 입어 노오라안 하늘에

그러기 노오오란 부황난 그리움을 파르르 파르르으 떨다가 떨다 못해 노랗게 물든 노랑을 못 견디는 하늘에

구름도 은행잎인 양 하여 노란 잎에 허리를 옴팍옴팍 싸안고 그렇게만 불렀기 때문 일거에요 쏴르르으 하늘에

쏴르르 눈물바다 그리움 덩이덩이 그러기 노오랗게 부황난 그리움을 쏴르르 쏴르르 떨다 노오랗게 하늘에

그대의 몸짓

그대의 몸짓에는
파아란 바닷물이
일어나 걸어와요
꺼엉충 날아올라
날개를 휘이이이익 노오오피 날아요

꽃집에 들어섰다

꽃집에 들어섰다
백일홍
그래 불러
백일의 이파리를
살라앙 흔들면서
다소곳 웃어주느라 그리움 폭 쏴아아

장명채 오행초 쇠비름

이파리 파아랗고 꽃잎은 노오랗고
줄기는 빠알갛고 씨앗은 새까맣고
뿌리는 하이야 해서 인을 먹자 오행 초

아래로 잘 나오는 하늘을 쳐다보면
파아란 그리움이 몸 안에 생명 있어
땅에서 납작 엎드려 인을 먹자 오행 초

노란 장미와 빨간

너 너랑
헤어질 때 하늘이 노랄 만큼
눈앞이 샛노랗다 못해서 돋아난 한 나절의
빨강이 새파랄 만큼 그립다는 내음새

하늘이
노랗도록 가슴이 빠알갛게
타오른 바람 냄새 가슴을 파묻고도
남아 든 그리움으로 아슴아슴 돋아나

얼굴을
파묻고도 노오란 한 길이의
깊이를 그리워 한 장미야 더 빨갛도록
하늘이 더 푸르르라 앵두 냄새 아 어쩜

나비

택시와 버스는 늘 자가용 한 마리다 나비다 나풀나풀 날아가
몸 실은 나비되어 한 마리 나비되어 어둠에 빛을 달고 눈에 은가루 묻히고 창밖을 내다보는 한 마리 나비되어
왼 길을 마다하고 오른 길 들어서는 내 무게 조그만 선물보다 하얗게 들려진 나비 한 마리

3일 석달 삼년

삼일은 살로 닿아 삼뿌리 되시더니
석 달에 실린 시집 꿀단지 맴돌더니
삼년의 곱 곱이로 만 어머니 비 세우신

숯꺼멍 고추 셋을 달아 논 새끼줄에
샛마을 사람들도 삼가며 조심하던
삼년의 스무 해에는 인삼 맛의 새색시

참깨로 해맑게만 햇빛을 모아들고
삼년에 해 낳아서 삼십년 넘기시던
맴도는 꿀단지 삼년 어머니 비 세우신

나리꽃

나에게 말을 하여 주셔요 어디에요
양치는 나라까지 가려면 어디 가서
만나야 하는 건가요 어떻해야 하나요

고개를 쑤욱 뻗어 좌우를 돌아보며
어여쁜 마음바다 풀어서 쭈욱 보고
한드을 웃어가면서 찾아가는 그리움

기쁨 주머니

정말로 오랜만에 만나도 우린 기뻐 당신의 산들바람 머리에 얹어 놓고 그리움 날개위에로 향기로운 내음새

마시는 날개가슴 당신의 산들바람 들어와 머무느라 이렇게 비스듬히 서서도 사모 바라봐 향기모자 쓰고서

꿈 하늘 마당

꿈꾸는
옷을 벗겨 내리며
구덩이에 넣어도 꿈은
아직 마음에 들어있어
나래에 꿈 하늘덩이 살짝 올라 날지 뭐

제4부 아 좋다

알았아와요 이브

하늘이 푸를수록 복숭아 꽃 뺨으로
꽃부터 달아놓고 봄이 다 갈 무렵에
복숭아 알았아와요 하늘 푸름 안아요

살며시 푸르름을 더하며 잎이 나며
봄날이 짙을수록 그리움 파란꿈이
발그레 알았아와요 나무위로 앉아요

말로는 할 수 없어 이른 봄 나무위에
마음을 얹어놓아 꽃길에 앉아보며
꽃 덩이 알았아와요 가슴이라 알리는

꽃 열매 보여드린 한낮엔 둥글게요
이브가 보여드린 열매가 빨갛지요
하늘을 들여놓아서 둥근 열매 달께요

그렇게 하시와요 예쁘게 웃도록 만
겨우우 가녀리게 피어나 볼꺼에요
봄빛에 알았아와요 메달리 듯 필께요

당신은 나의 가슴 갈비뼈 저는 당신
당신이 없다 면은 못살아[1] 반쪽 가슴
안개[2]는 이슬 눈으로 햇빛 볼 수 없어요

머리[3]로 만나줘요 저녁엔 같이 해요
서로가 하늘구름 사랑을 만나 봐요
당신의 바다 사랑에 가슴 눈을 열어요

공다닥 콩닥콩닥 포로르 날아가는
에덴의 동산에서 가슴[4]을 보여줘요
흐르는 사랑 물길로 싸비비[5]어 주세요

온종일 사랑하는 일로만 살아갈래
구슬땀 흘려가며 주시는 금반지[6]와
진주[7]로 걸어주시고 손가락에 끼워준

---

1) 창 2:5.
2) 창 2:6).
3) 창 2:7.
4) 창 2:9.
5) 창 2:10.
6) 창 2:11.

말씀의 목거리로 한 목숨 다 바쳐서
구스 땅 거기라도 흐르며[1] 닦아내며
날 위해 십자가에서 흘리시는 오오오

오오오 아니에요 당신을 봐야하리
눈으로 보이게 해 주세요 사랑 들고
앗수르 거기에서도 우리 같이 전해요

흐르는[2] 말씀 강을 열어서 가슴으로
입[3]으로 말씀전할 말하게 사랑한다
푸덩덩 깊으디 깊은 말씀 강[4]을 전해요

우리는 서로서로 반쪽의 가슴예요
눈으로 봐야[5]해요 제에발 보여줘요
터엉 빈 당신 옆구리 사랑 들여 놓게요[6]

---

7) 창 2:12.
1) 창 2:13.
2) 창 2:14.
3) 창 2:14.
4) 창 2:14.
5) 창 2:18.

입으로 맞추어서 새들아 지저귀라
오리야 새끼 모아 떼 지어 다니거라
가슴이 쏟아지도록[1] 서로서로 불러요

당신[2]을 생각해요 당신의 가슴에요
온 통 제 생각뿐인 당신이 사랑하는
말씀이 쏟아져 나와 흐르느라 넘쳐요

그대가 들었어요 가슴이 들어있어
당신이 하라하매 저는 늘 말하느라
당신이 하라는 대로 움직이는 복음[3]이

당신은 말씀이고 전 다만 전하려는
당신이 하라 하매 전하는 살아덩이
당신의 갈빗뼈에서 잘린[4] 가슴이에요

---

6) 창 2:20.
1) 창 2:20.
2) 창 2:21.
3) 창 2:21.
4) 창 2:23.

입으로 조잘조잘, 쪼르르 쫑알쫑알
떠드는 여자에요[1] 당신이 묻어나는
제가요 향기[2]이에요 여자에요 아내요

잘룩한 허리이며 하 예쁜 얼굴이며
당신이 눈[3] 못 떼는 사랑의 그대덩이[4]
당신의 뼈 중의 뼈요 살 중의 살[5] 이에요

당신이 가슴으로 밀어준 당신 여자[6].
물 위의 한 지붕[7]에 가슴을 맞대[8]가며
서로가 사랑하느라 아파하는 부부요

---

1) 창 2:22.
2) 창 2:23,
3) 창 2:23,
4) 창 2:22.
5) 창 2:22.
6) 창 2:23.
7) 창 2:25.
8) 창 2:25.

아 좋다

아 좋다[1) 올라[2)오는 하나님 말씀 향기
하 믿어 봐라 봐아[3) 쉴로모[4) 쉴려면은
그대가 싸비비[5)시니 그대 쉬심[6) 미쁘다[7)

그대[8)를 사모했던[9) 기쁨를 씌웠더[10)니
예뻐[11)진 입술에다 두 눈[12) 예뻐[13)지고
알리는 입술소리가 쉰나이다[14) 그래요

---

1) זֹאת(조오트·이것, this, 아 3:6).
2) עֹלָה(올라·오는, 아 3:6).
3) הַמִּדְבָּר(하미드바르·거친들, 아 3:7).
4) (여성문법): שְׁלֹמֹה(쉴로모)가 맡아 מִטָּה(마타·기본형) מִטָּתוֹ(미타토·연이라, 아 3:7)
5) סָבִיב(사비비·옹위하였는데, 아 3:7).
6) שִׁשִּׁים(쉬심·60, 아 3:8).
7) מִבְּנוֹת(미쁘노트·여자들의, 아 10).
8) חֲתֻנָּתוֹ(하툰나토·혼인, 예수님 십자가를 영원히 사모하는 마음, 아 3:11).
9) שִׂמְחַת(식므아흐트·기쁨, 아 3:11).
10) שֶׁעִטְּרָה(씌잇터라·씌운, 아 3:11).
11) יָפָה(야파하·글자풀이로, 아 4:1).
12) עֵינַיִךְ(엔아이흐·쌍수, 두 눈).
13) יָפָה(야파하·어여쁘고도, 아 4:1).
14) שִׁנַּיִךְ(쉰나이흐·쌍수 즉 윗 이와 아랫이, 아 4:2).

정말로 믿어봐라[1] 양같은 나 봐[2] 나 봐.
예쁜 빰[3] 말씀 펴라[4] 켜펴라[5] 그러느라
입술이 툭 튀어나와[6] 사랑잡아 잡아라[7]

사랑을 잡아라아[8] 푸른 들 사다[9]놓아
그대는 숏아나고[10] 태움이[11] 두드[12]림이
사랑의 여호와시니[13] 푸 하[14]시며 푸하흐[15]

---

1) וּמִדְבָּרֵיךְ(움미드바레흐·네 입은, 아 4:3).
2) נָאוֶה(나베·어여쁘고, 아 4:3).
3) רַקָּתֵךְ(라카아테흐·뺨·신전).
4) פֶּלַח(폐라·신전, 성당, 아 4:3).
5) כְּפֶלַח(크펠라·한 쪽 같구나, 아 4:3).
6) שִׂפְתֹתַיִךְ(시프토타이흐·네 입술은, 불쑥나온, 아 4:3)
7) צַוָּאר(자바아르·큰 구원, 강단, 아 4:4).
8) צַוָּארֵךְ(자바레흐·큰 구원·네 목은, 아 4:4).
9) שָׁדַיִךְ(솨다이흐·초원,쌍수, 기본형 שַׁד·번역은 네 유방은, 아 4:5).
10) בַּשּׁוֹשַׁנִּים(봐숏아님·백합화가운데서, 아 4:5).
11) תְאוֹמֵי(테오매·쌍둥이·쌍태).
12) הָעֵדֻת(하에두트·증거) -עֵד(아드·증거) 출 26: 34, 27: 21, 30: 6, 26, 36, 31: 7, 39: 35, 40: 5; 레 24: 3; 민 7: 89.
13) שְׁמַע יִשְׂרָאֵל יְהוָה אֱלֹהֵינוּ יְהוָה | אֶחָד(쉐마아 이스라엘 엘로헤이누 여호와 | 에하드, 신 6: 4)의 큰 글자 증거 עד(아드).
14) פּוּחַ(푸하·기본형, 진술하다, 말하다).

어둠이 배나[1] 잘라[2] 지리미 아주 잘라[3]
향기를 잡아내려[4] 엣따[5]아 타 보[6]라신
향기를 잡아내리는[7] 가슴 돋아[8] 돋아라[9]

숨 쉬니 기뻐[10]지고 기쁘다[11] 가득차게[12]
보쌈[13]해 싸매[14]느라 솟아나[15]나 사랑 돋아[16]
돋아[17]나 입술 나타[18]나 솟았다[19]고 웨치며

---

15) שֶׁיָּפוּחַ(쉐야푸하흐·말할, 기울고, 아 4:6).
1) וְנָסוּ(베나수·근심있는·갈, 아 4:5).
2) צֵלֵל(젤랄·기본형, 어두움, 아 4:6).
3) הַצְּלָלִים(하젤라림·그림자가, 아 4:6).
4) מִצַּוְּרֹנָיִךְ(미짜베로나이흐·기본형 צַוָּאר(짭바아르·목, 아 4:9).
5) אִתִּי(이티·처음과 끝의 연계형, 전부, 아 4:8).
6) תָּבֹאִי(타보이 ·가자, 아 4:8).
7) מִצַּוְּרֹנָיִךְ(미짜베로나이흐·기본형 צַוָּאר(짭바아르·목, 아 4:9).
8) דֹדַיִךְ יָּפוּ -מַה(마-예뿌 도다이흐·어찌 네.
9) דֹדַיִךְ טֹבוּ -מַה(마- 툐브 도다이흐·참으로 하나님 사랑은 승하 나입니다. 아 1:10).
10) גִּבְעָה(깃브아·산·준령, 기본형).
11) גִּבְעַת(깃브아트·산, 아 4:6).
12) הַר הַמּוֹר(하르 하모르· 몰약 산과, 아 4:6).
13) בְּשָׂמִים(브삼밈·향 품, 기본형 בֹּשֶׂם·בֶּשֶׂם, 아 4:10).
14) שְׁמָנַיִךְ(세만나이흐, 아 4:10).
15) יָּפוּ(야뿌, 아 4:10).
16) דֹדַיִךְ(도다이흐·네 사랑이, 아 4:10).

향기로 살 놈이다[1] 은혜를 갚으러 간[2]
나올[3]이 맑디[4] 맑은[5] 물에 하 닿음[6]이니
세상과 갈라[7]선 너를 내가 알아[8] 아 좋아[9]

그대의 머리털은 사랑의 정금[10]으로
촉촉이 빛나[11]느라 밤이슬 가득하여[12]
내 아들 흠씬[13] 젖어서 코트[14] 벗고 에고고[15]

---

17) דֹדַיִךְ(도다이흐·네 사랑이, 아 4:10).
18) נָטַף(기본형, 나타프·소리내고 아 4:11).
19) נֹפֶת(네페트·꿀송이·높은 곳, 아 4:11; 수 17:11).
1) שַׂלְמֹתַיִךְ(살롬타이흐·의복, 아 4:12).
2) גַּן(간·동산이요, 아 4:12).
3) נָעוּל(나올·잠근·신기다·덮히다, 아 4:12)).
4) נָעוּל(나울·덮은, 아 4:12).
5) מַעְיָן(마으얀·샘이로구나, 아 4:12).
6) חָתוּם(하툼·봉한, 아 4:12).
7) כַלָּה(칼라·나의 신부야, 아 5:1).
8) אָרָה(아라·기본형, 거두다, 아 5:1).
9) אָרִיתִי(아리티·내가 거둔다, 아 5:1).
10)마 2:7.
11)신 33:13.
12)아 5:2.
13) רְסִיסֵי(르씨세·방울 방울, 아 5:2).
14) כֻּתָּנְתִּי(쿠타노티·의복, 아 5L3).
15) אֵיכָכָה(에카카·어찌, 아 5:3).

내 사랑[1] 너는[2] 살라[3] 널 위해 문 열었어[4]
내 아들[5] 밖에 서서[6] 세상과[7] 싸우누나[8]
하 많이 모인 자들에[9] 내 아들이[10] 맞누나[11]

말씀이 주렁주렁 달리는[12] 네 머리털
하 맑은[13] 빰[14]아래에 입술이 솟아나고[15]
허리는 화반석 기둥[16] 말씀을 물이[17] 하 달아[18]

---

1) דודי(도디, 아 5:4).
2) קַמְתִּי(가메티·일어나서, 아 5:5).
3) שֶׁלַח(쉘라·기본형, 무기, 병기, 아 5:4).
4) פָּתַח(포다·문을 열매, 아 5:5) .
5) לְדוֹדִי ודודי(레도디 베도디, 아 5:6)
6) בָּקַשׁ(바카쉬·기본형, 찾으리라하고, 아 5:6).
7) בִּקַּשְׁתִּיהוּ(바카스티후·내가 그를 찾아도, 아 5:6).
8) מְצָאתִיהוּ(므자티후·만났고, 아 5:6).
9) הַשֹּׁמְרִים(하소므림·행순하는 자들이, 아 5:7).
10) מְצָאֻנִי(므자우니·나를 만나매, 아 5:7).
11) פְּצָעוּנִי(프자우니·패잡으니·상하게 하였고, 아 5:7).
12) תַּלְתַּלִּים(탈르탈림·고불고불하고, 아 5:11).
13) 아 5:12.
14) 아 6:7; 사 61:3.
15) שׁוֹשַׁנִּים(솟사님·백합화 같고, 아 5:13).
16) 아 5:15.
17) 시 104:15.
18) 아 5:18.

밖에서[1] 찾느라고 고생을 하다가도
너는 늘[2] 나의 성전 그곳에 서 솟아난[3]
오 솟아나 백합화로다 향기 흘러 내리는

---

1) בָּקֵשׁ(바카쉬·기본형, 찾으리라하고, 아 5:6)· וּנְבַקְשֶׁנּוּ(우느바크쉐누·우리가 찾으리라, 아 6:2)
2) לְדוֹדִי וְדוֹדִי(레도디 베도디, 아 6:3).
3) בַּשּׁוֹשַׁנִּים(봐 소사님·백합화 가운데서, 아 6:3).

겨울에게 주는 편지

한지로 바른 문을 떼어서 입에 물을
가득히 푸우푸우 깨끗이 떼어 내고
국화잎 국화 꽃잎을 넣어 문을 바른다

가마솥 동지팥죽 퍼얼펄 보폼보폼
양푼에 팥죽 담아 장독에 올려놓고
떠먹는 동지팥죽이 밤낮길이 바꾼다

방안을 장작개비 군불로 넣어놓고
윗목의 이불 한 채 가득히 내려 깔고
형제들 이불 하나로 디굴 디굴 딩군다

얼음이 꽁꽁 얼면 썰매를 타기 하다
벼이삭 잔 매듭이 더러는 돋아나도
신나는 하얀 겨울이 정말 신난 날이다

흰 눈이 소복소복 쌓이는 하얀 들판
눈 위의 발자국에 우리는 손을 잡아
한겨울 봄을 만나는 맨얼굴의 기다림

곱게도 감추어둔 설빔이 날개다는
꿈속은 파아랗고 하얗게 포올포올
글방이 하늘 천 따지 글 읽느라 밤샌다

날 보라 힘내 힘내 일어나 야앗싸아
오 내가 알아 줄께 서로가 다둑다둑
겨울이 주는 편지로 엄동설한 신난다

비누 내음

비누를 사알사알 묻히어 생각해요
비누가 생각하라 뜻에요 억누르지
말아요 비누 בינו(בינו 비누 · 생각하라, VQMMYP, consider, συνετε, 신 32:7). 방울 방울방울 날아요

집안의 어른에게 물어요 서두르지
말아요 비누로만 누비어 들어봐요
잘 여쭤 문대어 봐요 부드러운 속삭임

물에만 녹아나요 물이 말씀에요
먼저는 물어보고 그리고 문질러요
사알살 마음이 녹는 부드러운 느낌요

날마다 입느라고 하얀 옷 내 옷 위에
낀 때가 날로 익어 저리로 저리 끼고
그래서 나의 빨랫감 비누에게 닥아가

손으로 옴팍옴팍 빠르게 비벼비벼

그리움 뛰다뛰다 싹싹싹 비벼비벼
옷걸이 올라앉으며 달콤 내음 파악팍

풍기는 그리움의 내음을 반겨주며
날이며 날마다로 달콤한 부드러움
그리운 단 비누 내음 기분 좋다 으으음

오월이면

오월의
고향 개울 물오리 새끼들이
여기는 12마리 물에다 수 놓는다
사람들 세느라 둘둘 여기저기 뜨니다

웃음이 둥둥 뜨는 오리의 속눈썹에
사람들 웃음꽃이 웃음 해 속눈썹이
이만큼 길어 질대로 길어지는 때니다

아·침나·절

양 치던[삼 17:15] 손끝에서
웃음기 푸른 초장
웃음빛 아침나절
은빛의 물비늘의 웃음이 절반인 날
별무리 웃음절반이 그냥 좋아 좋아라

그대 발을 씻겨 드리리다

눈물로 그대 발을 씻겨 드리리다
나오는 제 눈에의 눈물이 아니라서
내리는 눈물로 그대 발을 씻겨 드리리

새하얀 마음 얹어 그대 발 씻겨 드림
한 방울 제 옥합의 한 방울 한 병을 다
사랑의 즙액이라 참 제 옥합에 층층이

내 자리

내 자리 수천만이 앉는데 쪼그리고
한자리 의자삼아 앉는데 얼른 앉는
가을이 깊다 하 깊어 세멘바닥 차갑다

나팔을 수 만 명이 방방방 바앙 태극
바람에 기도별이 한겨울 옷을 입고
은박지 모자 쓰고도 두 사람이 앉는다

하늘이 포근포근 뭘 줄까 내 꺼 라고
사랑을 받은 탓에 하나 더 일어서는
청와대 광야교회는 밤이 깊다 앉는다

여름열매

파랗다 잎 곁에서 파랗다 더 파랗다
여름이 더운 여름 묶느라 한데 얼려
약간은 싱거우면서 떫은맛이 파랗다
파랗다 잎을 닮아 파랗다 더 파랗다
여름이 익는 여름 묶느라 한데 묶여
약간은 못난 듯하며 열매 값이 파랗다
파랗다 여름 닮아 파랗다 꼭 파랗다
긴 여름 더위라도 잊느라 더 파랗다
약간은 기다리느라 발걸음이 파랗다

눈 밝음의 유혹

하나만 하시[1]라는 유혹에 넘어가서
움마 페[2] 뱉어야 할[3] 과일을 먹고 나서
사랑 임[4] 봐 요걸[5]먹어 봐요 봐요 멕이고

그러자 알몸부부 눈 밝아[6] 너무 밝아[7]
몸 둘이 말씀덩이 알몸을 보이네요
얼빠져[8] 말씀 되묻어[9] 돋아나야 할 둘이

서로들 알몸[10]덩이 말 덩이 물 덩어리
알몸을 부랴부랴 잎으로 하 고롷게[11]
두르고 밋뵈어[12]질까 골내실[13]이 두려워

---

1) הַנָּחָשׁ(베나하스 · 뱀이, 창 3:1).
2) וּמִפְּרִי(움므페리 · 실과, 창 3:3).
3) וַתֹּאכַל(바터팔 · 먹고, 창 3:7).
4) עִמָּהּ(임아 · 자기와 함께한, 창 3:7).
5) וַיֹּאכַל(바요칼 · 그도 먹은지라, 창 3:6).
6) פָּקַח(파카 · 밝아, 창 3:7).
7) וַתִּפָּקַחְנָה(밝디밝아나 · 이에 밝아, 창 3:7).
8) תֹאכְלוּ(토클루 · 먹지도, 창 3:3).
9) מוֹת תְּמֻתוּן(모트 테무튠 · 결코 너희가 죽지, 창 3:4).
10) עֵירֻמִּם(에루밈믐 · 몸이 벗은, 창 3:7).
11) חֲגֹרֹת(하고로트 · 치마를, 창 3:7).

야 내가 오래오래 아꼈던[1] 내 과일을
내 과일 내음새의 향기만 맡아보라
했는데 그 한 마디[2] 땜에 쩔쩔매며 엎딘다

하나님 부르실[3]때 이브 탓 넘기려는
하나만 하시[4]라며 저 뱀의 속삭임에
와르르[5] 무너져 헤메[6] 아담 이브[7] 무너진

어미로 있는 중에[8] 비지땀[9] 흘려가며
정말로 이레 비싼[10] 옷 입힌 하나님이
이제는 에덴동산에서 사라지라[11] 어서 가[12]

---

12) מִפְּנֵי(밒브네 · 낯을 피하여, 창 3:8).
13) קֹלְךָ(콜랙 · 하나님의 소리, 창 3:10).
1) אָכָלְתָּ(아칼르트 · 네가 먹었느냐, 창 3:11).
2) עִמָּדִי(이마디 · 나와 함께 하신, 창 3:12티).
3) נָתְנָה~לִּי(나트나 · 내게 주므로, 창 3:12).
4) הַנָּחָשׁ(하나하시 · 뱀이, 창 3:13).
5) אָרוּר(아루루 · 저주를 받아, 창 3:15).
6) הַבְּהֵמָה(하브헤마 · 짐승, 창 3:14).
7) וְאֵיבָה(브에바 · 원수, 창 3:15).
8) אִשְׁתֶּךָ(이스테하 · 네 아내, 창 3:17).
9) בְּזֵעַת(브제아트 · 땅이 흘려야, 창 3:19),
10) וַיַּלְבִּשֵׁם(바야레비싼 · 입히시니라, 창 3:21).
11) וַיְשַׁלְּחֵהוּ(바이솨르헤후 · 그 사람을 내보내어, 창 3:23).

그러신 다음에는 비싼 옷 입혀주신
사랑을 반지 끼고 동그란 사랑으로
결혼식 올렸 나이다 그래그래 오옳지

하늘이 아기 갖게[1] 해 준 날 배에 넣고[2]
남편의 곁에서만[3] 남편의 몸 살 받이[4]
봐 어때[5] 그래도 행복 그 곁에서 살아요

~ 창세기 3:1~끝

12) וַיְגָרֶשׁ(바에가레쉬 · 이같이 하나님이 쫓아내시고, 창 3:24) .
1) תֵּלְדִי(데르디 · 네가 낳을 것이며, 창 3:16).
2) וְהֵרֹנֵךְ(브헤로네흐 · 잉태, 창 3:16).
3) תְּשׁוּקָתֵךְ(트수카테흐 · 사모하고, 창 3:16).
4) יִמְשָׁל(임몸살 · 다스릴, 창 3:16).
5) בְּעֶצֶב(브에째브 · 수고하고).

눈 밝음의 유혹

남편이 돌아오면 먹을 것 먹입니다
남편은 말없이도 그대로 먹습니다
먹어서 눈이 떠져서 벌거벗음 보느라

간이 배 밖으로 나와서 눈물 고인
여호와[1] 처음으로 부르는 여호와야
여보야 바보[2] 여보야 여보오오 보이는

1) 창 4:26.
2) 4:26.

장미와 청소부

이 아침
장미꽃잎 떨어져
이른 아침
장미의 꽃잎 잎이 나포울 땅에 내려
장미 잎 내려앉으면 청소부가 줍는다

길가에 떨어지자 장미 잎 청소부가
장미 잎 모아두면 장미가 피어 난다
장미 잎 아름다워라 꽃다발의 장미 잎

청소부 가슴에도 장미 잎 나풀나풀
청소부 빗자루에 나포올 나풀나풀
장미꽃 다발빗자루 장미 꽃 잎 덩어리

장미 잎 청소부의 빗자루 장미 잎이
장미가 넝쿨에서 내려와 아롱아롱
꽃길로 장미 차 빵빵 빠방바방 빵빠앙

사랑스러운 여인

당신은 나의 가슴 갈비뼈 아가이지
책 읽어 주는 당신 아가야 넌 내 사랑
당신의 바다사랑에 가슴 눈을 열어요

사랑해 정말로요 사랑해 사랑해요
하늘이 두 쪽 나도 사랑해 사랑해요
잠자는 모습이에요 가만히 가 입 맞춘

잘룩한 허리이며 하 예쁜 얼굴하며
나는 야 눈 못 떼는 사랑의 그대 덩이
당신이 뼈 중의 뼈요 살 중의 살 이에요

그대의 아름다운 몸짓 하 좋아좋아
하늘이 두 쪽 나도 너는 내 사랑이요
한 생을 같이 하고픈 나의 여자 그렇지

콩다닥 콩닥콩닥 호르르 날아가는
에덴의 동산에서 가슴을 보여줘요
흐르는 사랑물결로 싸비비어 주어요

사랑 신

사랑이 차곡차곡 쌓여요 그리움이
맨발과 신 사이로 살그음 살금살금
땅에서 솟는 바람이 슬그머니 신기며

맨발의 우릴 따라 돌아온 그리움이
사랑의 맨발이라 맨발이 말 하네요
바람이 그리움으로 일렁일렁 우리는

내 곁에 오고 싶어 하네요 그리움의
맨발이 말 하네요 사랑이 차곡 쌓인
쌓이어 높이 오르며 사랑 신을 신어요

우리네 살림살이 말도 많고요

사랑은 하나뿐인 정말로 하나뿐인
가로가 셋이 되며 세로가 넷이 되는
빠알간 꽃 한 송이와 파라안 잎 돋아[1)]요

한 하늘 바다길이 꽃 뿌리 하나로도
꽃 대궁 가지대궁 하나로 이어지는
내 사랑 하나이어서 넘치도록 드려요

그리고 입 모아서 똘똘똘 뭉치면서
그대의 하늘에로 오르려 오르고파
몰래들 비키어 앉아 하늘까지 오르자

하늘의 성부 성자 성령이 합하여서
허망한 우리들의 꿈들을 흩어시네
촘촘히 엮이게 하는 아이들을 낳아라

- 바벨탑 사건=하늘을 탐내어서 창 9:1~27

---

1) 기본형 돋아 תּוֹדָה(토다) 본문 תּוֹדֹת(토도트 · 감사 찬송하는 자의, 느 12:31).

우르를 떠나는 부부

제 채기 많이 나는 시월 밤 귀를 막은
남편과 떠납니다 눈 막은 아내와도
손잡고 떠나갑니다 아브람과 사래는

보라색 들국화가 열다섯 꽃잎으로
다가와 노오랗게 꽃술을 보여줘도
아내는 남편의 손을 정말 놓지 않아요

귀뚜리 노오랗게 매달려 귀뚫귀뚫
아장장 불러와도 노래로 귀뚫귀뚫
불러도 사래남편은 그냥그냥 앞으로

갈 길이 멀수록에 들판에 별 들국화
별별을 노오랗게 줄달아 놓아둬도
손가락 사이사이로 보라색 꽃 아련히

노오란 꽃술노래 들리면 들릴수록
발걸음 빨라지는 귀뚜리 가을달밤
귀 먹이 남편 손이랑 눈이 멀은 아내랑

두 손을 마주잡고 고향집 아주 나와
어딘지 몰라몰라 어디로 몰라몰라
그래도 둘이 둘이는 별 불 켜고 둘이서

– 우상의 땅 떠나는 「길 떠나는 부부」
창 12:1~9(20131013)

두 배의 입맞춤을 들고서

하아얀 꿈이 익어 꽃 섶을 물들이면
사랑이 둘레둘레 여물어 손 모으고
안으로 감싸면서 서 그대는 늘 나를 봐

하나님 손에 잡힌 야곱이 집을 떠나
하란을 떠나면서 두 배의 입맞춤을
들고서 가는 길에는 두 눈 모두 바안짝

숨 쉬기

하늘 손 붙들고서 말씀을 펴가느라
여기서 누어 자며 돌베개 비느라고
한 밤에 깊은 숨쉬기 들여가며 내쉬며

사랑 깊이

가만히 속삭이는 흰 살결 따라가다
차츰음 사랑 깊이 빠져서 노래하며
가슴이 온통 그리워 노랗도록 오므린

순결 즙

내 꿈에
뵈어야 할 님[1] 있네[2]
오 사닥다리[3] 내 곁에
비로소[4] 향기 나네
나고[5]있네

말씀이 보이네[6]
눈으로 올라 딛으며
머리와 가슴을 얻었네
사랑을 나에게 준
내 여인 꽃 가슴의
그리움 순결로만 반듯이 앉으셔서

---

1) חָלַם · וַיַּחֲלֹם(할람 · 바야할렘 · 꿈, CW.VQIMZS, And he dreamed, καὶ ἐνιπνάσΘε, 창 28:12).
2) הִנֵּנִי(힌네니 · 본즉, Q.CXS, and behol, καὶ ἰδού, 창 28:12).
3) סֻלָּם(술람 · 사닥다리가, a ladder, κλίμαζ, 창 28:12).
4) וְרֹאשׁוֹ(브로소 · 그 꼭데기가, C.NMS,MZS, and the top of it, ἡς ἡ κέφαλή, 창 28:12).
5) נָגַע · מַגִּיעַ(나가아 · 마기아으 · 닿았고, VHPA, reached, ἀφικν εἱτο창 28:12)
6) וְהִנֵּה(브힌네 · 또 본즉, C.O, and behold, καὶ, 창 28:12).

두 손을 모으시고서
꽃분홍의 순결 즙

비 오고야 이 땅에 자라는 반석

사뿐히 발걸음을 디디는 가는 비는, 우산도 쓰지 않아 씨알을 콩콩 밟아 슬며시 그리움크기 내어 민 걸 보시는

잊었어, 이슬비를 내릴 걸 그제서야 일제히 소곤소곤 거리는 이슬방울 터트려 말씀덩어리 끝에다가 다시는

그러고 난 다음에 못 키운 채소자란 크기를 재보시며 햇빛이 쨍쨍한 날 소낙비 단비까지도 마냥마냥 보내신

비 오는
날의 이랑
채소다 나물이랑
랑랑이 늘어서서
우산을 쓰지 않아
비로서 이슬비보다 작은 채소, 자랑랑

이슬비 덧입히샤

단비를 덧입히샤
소낙비 덧입히샤
단비의 덧옷마저

이파리
물을 담으샤
데굴데굴 굴리샤

이파리 그리움이 날마다 커지면서, 산은 늘 이슬비의 잎사귀 한가운데 단비의 그리움비비 데굴데굴 굴리샤

복 있는 사람

파아란 하늘 푸름 한 조각 내려앉은
머리로 사랑함을 드러내 차츰 차즘
오로지 하늘 닮기로 줄무늬를 내리기

약시藥詩
이영지 시조집

2023년 7월 5일 인쇄
2023년 7월 5일 발행

지은이 이 영 지
펴낸이 신 용 호
펴낸곳 창조문학사

서울 서대문구 홍은동 397-26 동천아카데미 5층
등록번호 제1-263호
전화 374-9011, Fax 374-5217
공급처 한국출판협동조합 전화 716-5616~9

값 10,000원
ISBN 978-89-7734-794-6